READ

a book lover's journal

Text and illustration copyright © 2019 Alexandra Haughton /
    One More Chapter Club

All rights reserved. No part of this book may be reproduced in any
form without written permission from the publisher.

Manufactured in the United States of America
First Edition November 2019

a book lover's journal

foreword

Reader, there's no wrong way to use this Book Lover's Journal!

Along with the book pages, we've provided illustrated pages for you to keep track of books you want to read and your all-time favorite books, plus some intentionally blank pages for you to create your own lists or continue your book-loving journaling endeavors.

As for the book pages, you don't have to be a critical reviewer to enjoy keeping track of the books you read. Use the Notes section on these pages in lots of different ways:

• to remind yourself why you picked up the book (did you get a recommendation from a friend, hear about it on a public radio interview, was it on sale, did your favorite book blogger review it un/favorably?;
• to jot down your favorite quotes;
• or to illustrate your favorite scene.

But there's also plenty of space for your most in-depth review.

Don't be shy! Share your READ Book Lover's Journal and favorite reads on social media with #OneMoreChapterClub.

favorite books

want to read

a book lover's journal

book review pages

Title: ....

Author: ....

Genre: .... Series: ....

Date Started: / /   Date Finished: / /

Format: .... Number of pages: ....

Rating: ♡ ♡ ♡ ♡ ♡

Notes:

....

....

....

....

....

....

....

....

....

....

....

....

....

....

....

....

....

Title:..

Author:...

Genre:.................................. Series: ....

Date Started: / /   Date Finished: / /

Format: .... Number of pages:...................

Rating: ♡ ♡ ♡ ♡ ♡

Notes:

....

....

....

....

....

....

....

....

....

....

....

....

....

....

....

....

Title: ....

Author: ....

Genre: .... Series: ....

Date Started: / / Date Finished: / /

Format: .... Number of pages: ....

Rating: ♡ ♡ ♡ ♡ ♡

Notes:

....

....

....

....

....

....

....

....

....

....

....

....

....

....

....

....

Title: ....

Author: ....

Genre: .... Series: ....

Date Started: / /   Date Finished: / /

Format: .... Number of pages: ....

Rating: ♡ ♡ ♡ ♡ ♡

Notes:

....

....

....

....

....

....

....

....

....

....

....

....

....

....

....

....

Title: ....

Author: ....

Genre: .... Series: ....

Date Started: / /   Date Finished: / /

Format: .... Number of pages: ....

Rating: ♡ ♡ ♡ ♡ ♡

Notes:

....

....

....

....

....

....

....

....

....

....

....

....

....

....

....

....

....

Title: ....

Author: ....

Genre: .... Series: ....

Date Started: / / Date Finished: / /

Format: .... Number of pages: ....

Rating: ♡ ♡ ♡ ♡ ♡

Notes:

....

....

....

....

....

....

....

....

....

....

....

....

....

....

....

....

....

Title: ....

Author: ....

Genre: .... Series: ....

Date Started: / / Date Finished: / /

Format: .... Number of pages: ....

Rating: ♡ ♡ ♡ ♡ ♡

Notes:

....

....

....

....

....

....

....

....

....

....

....

....

....

....

....

Title: ....

Author: ....

Genre: .... Series: ....

Date Started: / / Date Finished: / /

Format: .... Number of pages: ....

Rating: ♡ ♡ ♡ ♡ ♡

Notes:

....

....

....

....

....

....

....

....

....

....

....

....

....

....

....

....

Title: ....

Author: ....

Genre: .... Series: ....

Date Started: / /   Date Finished: / /

Format: .... Number of pages: ....

Rating: ♡ ♡ ♡ ♡ ♡

Notes:

....

....

....

....

....

....

....

....

....

....

....

....

....

....

....

....

....

Title: ....

Author: ....

Genre: .... Series: ....

Date Started: / / Date Finished: / /

Format: .... Number of pages: ....

Rating: ♡ ♡ ♡ ♡ ♡

Notes:

....

....

....

....

....

....

....

....

....

....

....

....

....

....

....

....

....

Title: ....

Author: ....

Genre: .... Series: ....

Date Started: / /   Date Finished: / /

Format: .... Number of pages: ....

Rating: ♡ ♡ ♡ ♡ ♡

Notes:

....

....

....

....

....

....

....

....

....

....

....

....

....

....

....

....

Title: ....

Author: ....

Genre: .... Series: ....

Date Started: / / Date Finished: / /

Format: .... Number of pages: ....

Rating: ♡ ♡ ♡ ♡ ♡

Notes:

....

....

....

....

....

....

....

....

....

....

....

....

....

....

....

....

Title: ....

Author: ....

Genre: .... Series: ....

Date Started: / / Date Finished: / /

Format: .... Number of pages: ....

Rating: ♡ ♡ ♡ ♡ ♡

Notes:

....

....

....

....

....

....

....

....

....

....

....

....

....

....

....

....

Title: ....

Author: ....

Genre: .... Series: ....

Date Started: / /   Date Finished: / /

Format: .... Number of pages: ....

Rating: ♡ ♡ ♡ ♡ ♡

Notes:

....

....

....

....

....

....

....

....

....

....

....

....

....

....

....

....

Title: ....
Author: ....
Genre: .... Series: ....
Date Started: / /   Date Finished: / /
Format: .... Number of pages: ....
Rating: ♡♡♡♡♡
Notes:

....

....

....

....

....

....

....

....

....

....

....

....

....

....

....

....

Title: ....
Author: ....
Genre: .... Series: ....
Date Started: / / Date Finished: / /
Format: .... Number of pages: ....
Rating: ♡ ♡ ♡ ♡ ♡
Notes:

....

....

....

....

....

....

....

....

....

....

....

....

....

....

....

....

....

Title:...
Author:...
Genre:............................... Series: ....
Date Started: / /   Date Finished: / /
Format: .... Number of pages:....................
Rating: ♡♡♡♡♡
Notes:

....
....
....
....
....
....
....
....
....
....
....
....
....
....
....
....
....

Title: ....

Author: ....

Genre: .... Series: ....

Date Started: / / Date Finished: / /

Format: .... Number of pages: ....

Rating: ♡ ♡ ♡ ♡ ♡

Notes:

....

....

....

....

....

....

....

....

....

....

....

....

....

....

....

....

....

....

Title: ....

Author: ....

Genre: .... Series: ....

Date Started: / / Date Finished: / /

Format: .... Number of pages: ....

Rating: ♡ ♡ ♡ ♡ ♡

Notes:

....

....

....

....

....

....

....

....

....

....

....

....

....

....

....

....

Title:..
Author:...
Genre:................................ Series: ....
Date Started: / / Date Finished: / /
Format: .... Number of pages:...................
Rating: ♡ ♡ ♡ ♡ ♡
Notes:

....

....

....

....

....

....

....

....

....

....

....

....

....

....

....

....

Title: ....

Author: ....

Genre: .... Series: ....

Date Started: / /   Date Finished: / /

Format: .... Number of pages: ....

Rating: ♡ ♡ ♡ ♡ ♡

Notes:

....

....

....

....

....

....

....

....

....

....

....

....

....

....

....

....

....

Title: ....

Author: ....

Genre: .... Series: ....

Date Started: / /   Date Finished: / /

Format: .... Number of pages: ....

Rating: ♡ ♡ ♡ ♡ ♡

Notes:

....

....

....

....

....

....

....

....

....

....

....

....

....

....

....

....

....

Title:..

Author:...

Genre:................................... Series: ....

Date Started: / /   Date Finished: / /

Format: .... Number of pages:.....................

Rating: ♡♡♡♡♡

Notes:

....

....

....

....

....

....

....

....

....

....

....

....

....

....

....

....

Title: ....

Author: ....

Genre: .... Series: ....

Date Started: / /   Date Finished: / /

Format: .... Number of pages: ....

Rating: ♡ ♡ ♡ ♡ ♡

Notes:

....

....

....

....

....

....

....

....

....

....

....

....

....

....

....

....

....

Title:...

Author:..

Genre:................................ Series: ....

Date Started: / / Date Finished: / /

Format: .... Number of pages:...................

Rating: ♡ ♡ ♡ ♡ ♡

Notes:

....

....

....

....

....

....

....

....

....

....

....

....

....

....

....

....

....

Title: ....

Author: ....

Genre: .... Series: ....

Date Started: / / Date Finished: / /

Format: .... Number of pages: ....

Rating: ♡ ♡ ♡ ♡ ♡

Notes:

....

....

....

....

....

....

....

....

....

....

....

....

....

....

....

....

....

Title: ....
Author: ....
Genre: .... Series: ....
Date Started: / /   Date Finished: / /
Format: .... Number of pages: ....
Rating: ♡♡♡♡♡
Notes:

....

....

....

....

....

....

....

....

....

....

....

....

....

....

....

....

Title: ....

Author: ....

Genre: .... Series: ....

Date Started: / / Date Finished: / /

Format: .... Number of pages: ....

Rating: ♡ ♡ ♡ ♡ ♡

Notes:

....

....

....

....

....

....

....

....

....

....

....

....

....

....

....

....

....

Title:..

Author:..

Genre:.................................... Series: ....

Date Started: / /   Date Finished: / /

Format: .... Number of pages:....................

Rating: ♡ ♡ ♡ ♡ ♡

Notes:

....

....

....

....

....

....

....

....

....

....

....

....

....

....

....

....

Title: ....

Author: ....

Genre: .... Series: ....

Date Started: / / Date Finished: / /

Format: .... Number of pages: ....

Rating: ♡ ♡ ♡ ♡ ♡

Notes:

....

....

....

....

....

....

....

....

....

....

....

....

....

....

....

....

....

....

Title: ....

Author: ....

Genre: .... Series: ....

Date Started: / /　　　Date Finished: / /

Format: .... Number of pages: ....

Rating: ♡♡♡♡♡

Notes:

....

....

....

....

....

....

....

....

....

....

....

....

....

....

....

....

Title: ....

Author: ....

Genre: .... Series: ....

Date Started: / / Date Finished: / /

Format: .... Number of pages: ....

Rating: ♡ ♡ ♡ ♡ ♡

Notes:

....

....

....

....

....

....

....

....

....

....

....

....

....

....

....

....

Title: ....
Author: ....
Genre: .... Series: ....
Date Started: / / Date Finished: / /
Format: .... Number of pages: ....
Rating: ♡ ♡ ♡ ♡ ♡
Notes:

....

....

....

....

....

....

....

....

....

....

....

....

....

....

....

....

....

Title: ....

Author: ....

Genre: .... Series: ....

Date Started: / / Date Finished: / /

Format: .... Number of pages: ....

Rating: ♡ ♡ ♡ ♡ ♡

Notes:

....

....

....

....

....

....

....

....

....

....

....

....

....

....

....

....

....

Title:...

Author:...

Genre:................................. Series:.................................

Date Started: / / Date Finished: / /

Format:.............................. Number of pages:....................

Rating: ♡♡♡♡♡

Notes:

....

....

....

....

....

....

....

....

....

....

....

....

....

....

....

....

....

Title: ....

Author: ....

Genre: .... Series: ....

Date Started: / / Date Finished: / /

Format: .... Number of pages: ....

Rating: ♡ ♡ ♡ ♡ ♡

Notes:

....

....

....

....

....

....

....

....

....

....

....

....

....

....

....

....

Title:...

Author:...

Genre:.............................. Series: ....

Date Started: / / Date Finished: / /

Format: .... Number of pages:....................

Rating: ♡♡♡♡♡

Notes:

....

....

....

....

....

....

....

....

....

....

....

....

....

....

....

....

....

Title: ....

Author: ....

Genre: .... Series: ....

Date Started: / /   Date Finished: / /

Format: .... Number of pages: ....

Rating: ♡ ♡ ♡ ♡ ♡

Notes:

....

....

....

....

....

....

....

....

....

....

....

....

....

....

....

....

....

Title: ....

Author: ....

Genre: .... Series: ....

Date Started: / / Date Finished: / /

Format: .... Number of pages: ....

Rating: ♡ ♡ ♡ ♡ ♡

Notes:

....

....

....

....

....

....

....

....

....

....

....

....

....

....

....

....

....

Title: ....
Author: ....
Genre: .... Series: ....
Date Started: / / Date Finished: / /
Format: .... Number of pages: ....
Rating: ♡ ♡ ♡ ♡ ♡
Notes:

....

....

....

....

....

....

....

....

....

....

....

....

....

....

....

....

....

Title:...

Author:..

Genre:................................. Series:...................................

Date Started: / / Date Finished: / /

Format:............................. Number of pages:...................

Rating: ♡ ♡ ♡ ♡ ♡

Notes:

....

....

....

....

....

....

....

....

....

....

....

....

....

....

....

....

....

Title:..
Author:..
Genre:.. Series: ....
Date Started: / /   Date Finished: / /
Format: .... Number of pages:.....................
Rating: ♡ ♡ ♡ ♡ ♡
Notes:

....

....

....

....

....

....

....

....

....

....

....

....

....

....

....

....

....

Title:..

Author:...

Genre:................................. Series: ....

Date Started: / /   Date Finished: / /

Format: .... Number of pages:....................

Rating: ♡ ♡ ♡ ♡ ♡

Notes:

....

....

....

....

....

....

....

....

....

....

....

....

....

....

....

....

....

....

Title: ....
Author: ....
Genre: .... Series: ....
Date Started: / / Date Finished: / /
Format: .... Number of pages: ....
Rating: ♡ ♡ ♡ ♡ ♡
Notes:

....

....

....

....

....

....

....

....

....

....

....

....

....

....

....

....

Title: ....

Author: ....

Genre: .... Series: ....

Date Started: / /   Date Finished: / /

Format: .... Number of pages: ....

Rating: ♡ ♡ ♡ ♡ ♡

Notes:

....

....

....

....

....

....

....

....

....

....

....

....

....

....

....

....

....

Title:...

Author:..

Genre:.................................... Series: ....

Date Started: / /   Date Finished: / /

Format: .... Number of pages:....................

Rating: ♡ ♡ ♡ ♡ ♡

Notes:

....

....

....

....

....

....

....

....

....

....

....

....

....

....

....

....

Title: ....
Author: ....
Genre: .... Series: ....
Date Started: / / Date Finished: / /
Format: .... Number of pages: ....
Rating: ♡ ♡ ♡ ♡ ♡
Notes:

....

....

....

....

....

....

....

....

....

....

....

....

....

....

....

....

....

....

Title: ....
Author: ....
Genre: .... Series: ....
Date Started: / / Date Finished: / /
Format: .... Number of pages: ....
Rating: ♡ ♡ ♡ ♡ ♡
Notes:

....

....

....

....

....

....

....

....

....

....

....

....

....

....

....

....

....

Title: ....

Author: ....

Genre: .... Series: ....

Date Started: / /   Date Finished: / /

Format: .... Number of pages: ....

Rating: ♡ ♡ ♡ ♡ ♡

Notes:

....

....

....

....

....

....

....

....

....

....

....

....

....

....

....

....

....

Title:..
Author:..
Genre:.................................... Series: ....
Date Started: / / Date Finished: / /
Format: .... Number of pages:...................
Rating: ♡ ♡ ♡ ♡ ♡
Notes:

....

....

....

....

....

....

....

....

....

....

....

....

....

....

....

....

Title: ....
Author: ....
Genre: .... Series: ....
Date Started: / /   Date Finished: / /
Format: .... Number of pages: ....
Rating: ♡ ♡ ♡ ♡ ♡
Notes:

....

....

....

....

....

....

....

....

....

....

....

....

....

....

....

....

....

Title: ....

Author: ....

Genre: .... Series: ....

Date Started: / / Date Finished: / /

Format: .... Number of pages: ....

Rating: ♡ ♡ ♡ ♡ ♡

Notes:

....

....

....

....

....

....

....

....

....

....

....

....

....

....

....

....

....

RE
AD

a book lover's journal

notes and more

ONE MORE CHAPTER CLUB
made by a bookworm, for bookworms

Made in the USA
Monee, IL
04 December 2019

17963977R00051